M. LOUIS GUENEAU D'AUMONT

PROFESSEUR HONORAIRE A LA FACULTÉ DES SCIENCES,

CHEVALIER DE LA LÉGION-D'HONNEUR,

MEMBRE DES ACADÉMIES DE DIJON ET DE NANCY,

ET DE LA COMMISSION DES ANTIQUITÉS DE LA CÔTE-D'OR;

Né à Semur-en-Auxois le 6 septembre 1781;

Décédé à Dijon le 7 avril 1868.

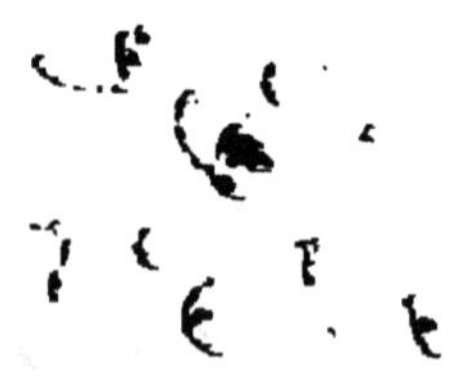

M. LOUIS GUENEAU D'AUMONT

Les obsèques de M. d'Aumont ont eu lieu avant-hier jeudi 9 avril 1868. Un nombreux cortége, dont faisaient partie, avec l'élite de la société dijonnaise, MM. les professeurs de la Faculté des sciences en costume, a accompagné au cimetière les restes du vénérable savant qui réunissait à un si haut degré les qualités du cœur et la supériorité de l'esprit.

M. le doyen Brullé a prononcé sur sa tombe le discours suivant :

MESSIEURS,

« Au moment où cette tombe va se fermer sur les restes mortels de l'homme de bien qui vient de nous être enlevé d'une manière si rapide, qu'il me soit permis, au nom de la Faculté des sciences, de lui dire un dernier adieu.

« M. Gueneau d'Aumont, dont les longs services dans l'Université datent de quelques années avant la création du corps enseignant dont il a été l'un des ornements, fut nommé professeur de physique lors de la fondation de la Faculté des sciences de cette ville. C'était en 1809. Enlevé à l'enseignement des mathématiques, pour lesquelles il a toujours conservé un goût si prononcé, M. d'Aumont a porté dans sa nouvelle chaire les qualités que ses nombreux auditeurs ont été à même d'apprécier. Esprit clair et lucide, il savait exposer les principes et les faits de la physique de manière à entraîner sans fatigue l'attention de ceux qui l'écoutaient. Pendant les six années que celui qui vous en parle a eu l'honneur d'être son collègue, M. d'Aumont, bien qu'il fût à la fin de sa carrière comme professeur, et quoique sa santé déjà affaiblie exigeât du repos, n'a pas cessé d'être entouré d'un auditoire nombreux et attentif.

« Qui eût prédit que M. d'Aumont, après environ quarante ans d'un enseignement assidu, aurait encore le bonheur, pour lui surtout et pour sa famille et ses nombreux amis, de fournir une nouvelle carrière de vingt-trois années environ ! Carrière de retraite, il est vrai, mais pendant laquelle l'attrait de la science l'a toujours dominé. Que de fois ne l'avons-nous pas vu venir vers nous, ses collègues, car il était professeur honoraire de notre Faculté, et prendre plaisir à se tenir au courant des travaux récents sur les mathématiques et la physique ! Il suffit de se rappeler qu'il a été l'ami constant de ceux de nos collègues qui professaient les sciences dont il s'était toujours occupé, pour comprendre l'activité de cet esprit d'élite. Il faut aussi l'avoir connu de près pour se représenter avec quel bonheur nous le voyions venir parmi nous. C'est, Messieurs, dans le caractère surtout de M. d'Aumont qu'il faut chercher la cause de ses rapports intimes avec ses successeurs, comme avec ses anciens collègues.

« Doué d'une bienveillance excessive, d'une tolérance sans pareille et d'un esprit distingué, comment M. d'Aumont n'eût-il pas trouvé partout des amis dévoués ! Sous ces rapports, Messieurs, je n'ai pas la prétention de rien vous apprendre. Vous l'avez tous connu, pendant sa longue carrière, longue par ce temps de brièveté de la vie commune, trop courte, hélas ! pour cette famille dont il faisait le bonheur, et qui, réduite à le pleurer aujourd'hui, peut se rendre ce dernier témoignage à elle-même, qu'elle a hérité des vertus de son vénérable père.

« Aujourd'hui, Messieurs, nous n'avons plus que le souvenir de M. d'Aumont. Ce souvenir honorera sa ville natale. Ce souvenir restera longtemps dans le cœur de ses amis. La Faculté des sciences se souviendra qu'il a été son premier professeur de physique. La ville de Dijon le comptera au nombre de ses meilleurs citoyens. Et nous qui avons été pendant longues années ses contemporains, nous emporterons en nous séparant cette idée consolante qu'un homme de bien ne périt jamais tout entier, mais qu'il continue à vivre dans la mémoire de ceux qui l'ont connu. »

Il est des longévités privilégiées qui servent de lien entre les générations humaines : Suard, dont M. Villemain avait connu et fréquenté la vieillesse, avait été lié lui-même avec Fontenelle, lequel, comme on sait, avait vécu avec Corneille. De même, M. d'Aumont avait vu, dirai-je la vieillesse, dirai-je la seconde jeunesse de Lagrange. Contemporain d'Arago, de Poisson, de Gay-Lussac, il fut l'élève et l'ami de Biot; il était l'aîné de Cauchy et de tous les savants qui ont suivi. Quant aux jeunes gens de Dijon qu'il a fait entrer en si grand nombre à l'Ecole polytechnique, pour eux, c'était un ancêtre.

La famille Gueneau était de vieille souche bourguignonne. Elle se partageait en trois branches.

M. Gueneau de Montbeillard, qui habitait Semur, était le plus brillant, sans contredit, des collaborateurs de Buffon; la description du paon, celle du rossignol auraient fait honneur au grand écrivain à qui nous devons l'*Histoire naturelle*. M. Gueneau de Mussy était maire de Montbard. M. Gueneau d'Aumont était maire de Semur.

Ce dernier eut trois fils : le plus jeune, Louis, dont nous déplorons la perte, était né à Semur, le 6 septembre 1781. En 1793, il avait douze ans. On ne sait plus assez aujourd'hui qu'à cette date, non seulement toutes les églises, mais *toutes les écoles de France étaient fermées*, à l'exception des écoles primaires. Pas un seul collége n'avait trouvé grâce. Louis Gueneau d'Aumont étudia donc, comme il put, sous la direction d'un maître particulier; en mathématiques, il en sut bientôt plus que son professeur; sa vocation se faisait jour. Son père s'empressa de l'envoyer à Paris, en le recommandant au naturaliste Daubenton, son compatriote. Dans cette féconde atmosphère, son développement fut prompt. Les mathématiques restèrent sur le premier plan; mais le jeune d'Aumont rencontrait dans le salon de Mme Daubenton tous les princes des sciences naturelles, Cuvier entre autres, et l'intimité de Philibert Gueneau de Mussy, son cousin, avec M. de Fontanes, le mettait, en outre, en rapport avec ce groupe d'hommes supérieurs : M. de Châteaubriand, M. Molé, M. de Bonald, Joubert; splendide constellation, dont l'auteur du *Génie du Christianisme*, comme on sait, demeura toujours l'étoile principale. Ce n'est point en vain qu'on s'approche de pareils hommes. Ils ne rendirent point M. d'Aumont infidèle à la science ; mais ils préservèrent son esprit de ce qu'elle a eu chez quelques-uns d'étroit, de partial, d'exclusif. M. d'Aumont aimait fort la littérature et s'y connaissait. Je ne crois pas qu'il y eût à Dijon personne d'un goût littéraire plus sûr. Il laisse une ample bibliothèque. On serait étonné d'en lire le catalogue, et d'y trouver un aussi grand nombre d'ouvrages appartenant à la littérature italienne et à la littérature anglaise. Le choix de ces livres (ce ne sont pas des traductions) fait honneur au discernement du possesseur.

J'ai dit que M. d'Aumont avait été l'élève de Biot et qu'il devint son ami. Ce fut Biot qui lui persuada de se vouer à l'enseignement et qui le fit nommer professeur de mathématiques au lycée de Nancy, le 19 mars 1804. Trois ans après, il cumulait ces fonctions avec celle de censeur des études.

Cependant l'Université naissait et M. de Fontanes en était le Grand-Maître. La Faculté des sciences de Dijon fut créée, M. d'Aumont y fut nommé pro-

fesseur de physique le 14 décembre 1809. Il suc-
cédait à un homme dont l'enseignement avait un
grand charme et une légitime popularité, M. Jaco-
tot, qui venait d'être fait recteur de l'Académie.
M. d'Aumont, à force de netteté, de précision, de
clarté, parvint à se créer un auditoire considérable,
bien qu'il fût beaucoup plus géomètre et d'une rigi-
dité scientifique bien plus accentuée que celle de
son prédécesseur. J'ose dire que, comme professeur, il a eu peu d'égaux.

En 1815, un autre membre éminent de la Faculté
des sciences de Dijon, M. Berthot, étant devenu
Recteur, M. d'Aumont cumula, deux années durant,
l'enseignement des hautes mathématiques avec celui
de la physique au Collége royal et à la Faculté. C'est
surtout à dater de 1817 que, dans l'élan de l'affection
qu'il portait à la jeunesse, il se fit, à Dijon, le répé-
titeur bénévole et tout à fait désintéressé de tous
les étudiants de quelque espérance qui aspiraient à
l'Ecole polytechnique. Je ne sache pas que le succès
ait manqué une seule fois à un aussi admirable
dévouement.

C'est aussi en 1817 que M. d'Aumont entra, avec
M. Frédéric de Mussy, son cousin, avec M. Nault,
avec M. Riambourg, au sein de l'Académie des
sciences, arts et belles-lettres de Dijon, dont il fut
un moment le secrétaire et dont nous l'avons vu si
longtemps le doyen. Le règlement de cette Compa-
gnie était son ouvrage. Il appartenait aussi à la
Commission des antiquités du département de la
Côte-d'Or.

En 1822, il avait été nommé examinateur pour

l'admission aux écoles navales et à l'école militaire de Saint-Cyr. Enfin, après quarante-un ans de services publics, il crut avoir payé sa dette à son pays; il prit sa retraite. Mais il ne se crut jamais quitte envers la science : tous les travaux de quelque importance qui s'accomplissaient en mathématiques et en physique lui étaient familiers; il se les assimilait avec une promptitude merveilleuse, et il étonnait les jeunes professeurs de Facultés par la verve avec laquelle il en parlait.

Ce sont là des dons bien rares et en bien grand nombre; mais je ne dois rien taire : homme d'un savoir presque universel, homme de goût, homme d'esprit dans le sens le plus flatteur du mot, M. d'Aumont fut de plus (au plus haut degré) un homme de foi. Sa foi n'était pas celle du charbonnier. Né trois ans à peine après la mort de Voltaire, venu à Paris, à dix-sept ans, l'année même où paraissait l'abrégé de l'*Origine de tous les cultes,* au temps où Laplace publiait sa *Mécanique céleste,* où Lalande se déclarait athée, où Cabanis faisait imprimer son livre des *Rapports du physique et du moral,* il se crut permis de croire en Dieu et de croire à l'âme, d'une foi raisonnée, comme Leibniz et Newton; il fut même pleinement catholique, comme Ampère et comme Cauchy. Sa charité égalait sa foi. Ses aumônes étaient innombrables; quand il s'agissait de donner, sa main ne s'est jamais lassée de s'ouvrir.

Tel fut M. Louis d'Aumont; tel je l'ai connu et aimé. Je ne suis pas son panégyriste, je suis son témoin, je dis ce que j'ai vu et ce qui ne sera démenti de personne. Et maintenant, qu'il me soit permis de faire à lui et à moi l'application de ces récentes paroles de M. Guizot :

« Quand, à l'approche du terme de la vie, on reporte ses regards en arrière, on compte, avec une surprise à la fois reconnaissante et douloureuse, tout ce qu'on a possédé et perdu. Que de trésors précieux et précaires ! Que de liens puissants et rompus ! Pétrarque disait, il y a cinq siècles, dans son tendre et mélancolique langage :

> O nostra vita, ch'è si bella in vista,
> Com' perde agevolmente, in un mattino,
> Quel che'n molt' anni a gran pena s'acquista ! »

FOISSET.

(Extrait de l'Union Bourguignonne du 11 avril 1868.)

———

Dijon et la Bourgogne viennent de perdre un des hommes qui faisaient sans contredit le plus d'honneur à notre pays. M. Gueneau d'Aumont, ancien professeur de physique à notre Faculté des sciences, vient de mourir dans sa quatre-vingt-septième année. Mathématicien éminent, professeur d'un mérite supérieur, homme complet, si cet éloge peut être permis, homme d'esprit, homme de goût, intelligence capable, comme celle d'Ampère, des grands problèmes de la métaphysique, il était de plus, et au plus haut degré, un homme de foi. Il avait débuté dans les sciences au temps où Cabanis et Lamarck étaient des autorités. Mais ces messieurs ne lui avaient pas fait illusion un seul jour ; Voltaire et Rousseau pas davantage. On aime à opposer de pareils exemples à ceux dont un parti s'ingénie à faire un si grand bruit depuis un an ou deux.

F.

(Extrait de la Chronique Religieuse *du 11 avril 1868.)*

———

M. Gueneau d'Aumont, professeur honoraire de physique à notre Faculté des sciences, vient de mourir dans sa quatre-vingt-septième année. Une plume dont chacun a reconnu le trait distingué, esquissait brièvement, dans l'un des derniers numéros de la *Chronique*, le portrait de l'homme savant et vraiment supérieur, que Dijon et la Bourgogne viennent de perdre. Nous voudrions aujourd'hui rappeler, avec quelques détails, ce que fut le chrétien.

Jusqu'à ses derniers jours, M. d'Aumont aima et cultiva les sciences, dont il suivait la marche et les progrès, à l'aide des Revues et de tous les ouvrages considérables qui paraissaient. Il discutait, il exposait les questions les plus difficiles avec une clarté merveilleuse, comme aussi il combattait et niait, avec une raison très ferme, les points qui ne lui paraissaient pas scientifiquement établis.

Chaque année, il se rendait dans les classes des Frères et dans celles des Sœurs de la paroisse; il examinait avec soin les élèves, il les questionnait, il les encourageait au travail. C'était un honneur fort apprécié, mais surtout il y avait là une bonne action, parce que les enfants, en écoutant avec intérêt le savant, admiraient avec respect le chrétien.

Instruit dans les choses de la nature et logicien sévère, M. d'Aumont n'en était pas moins très humblement, dans les choses de la foi, soumis à la grande autorité de l'Eglise catholique. Pour lui, c'était la gardienne et l'interprète de la vérité dans le monde moral, et dès lors, il croyait à la parole de son curé comme un enfant. Il suffisait de le voir à Saint-Bénigne, sa paroisse, pour être édifié; il y était si attentif, si respectueux, si recueilli, que le souvenir en restera longtemps comme un parfum pour les âmes chrétiennes. Surtout, il ne savait comment manifester sa reconnaissance et son amour pour notre Seigneur Jésus-Christ dans l'Eucharistie; et bien que, par humilité, il contînt l'expression de sa foi, quand il s'agenouillait à la sainte Table, il étendait les bras comme dans une sorte de ravissement.

Chrétien admirable et complet, M. d'Aumont faisait des aumônes prodigieuses. Deux fois par an, il portait lui-même son offrande au secrétariat de

l'Evêché pour notre Saint Père le Pape. Il aimait
à donner aussi aux *Petites-Sœurs*, dont le dévouement simple et généreux le touchait, et son aumône, souvent renouvelée, fut toujours abondante.
Si l'humilité de M. d'Aumont eût été moins grande,
nous aurions bien d'autres révélations à faire ;
mais il croyait fermement à la parole de Jésus-
Christ, et cherchait à y conformer sa vie ; *sa main
gauche ignorait ce que donnait sa main droite.*

Mais ce que nous savons, c'est que toutes les fois
qu'il se *préparait* à communier, il s'en allait lui-
même chez M. le Curé et chez les Sœurs de Saint-
Vincent-de-Paul, déposer ses dons en faveur des
pauvres, avec une largesse qu'on ne soupçonna
jamais. Puis avec le même cœur et la même sim-
plicité, il recommençait au jour même de sa communion, et ainsi faisait-il toutes les fois qu'il avait
demandé la dispense de jeûner, le jeûne lui ayant
été *interdit* à cause de son grand âge.

Aussi, comme Dieu s'est montré visiblement bon,
à l'heure dernière, pour cet homme de foi et de
charité ! La mort vint le surprendre, car à ses yeux
rien ne semblait en être le signe précurseur. Il se
préparait alors à sa communion pascale de la manière que nous venons de dire, dans la ferveur de
la prière et la générosité de l'aumône.

Le vendredi 3 avril, après sa promenade accou-
tumée, il ressentit une faiblesse qui ne lui était pas
ordinaire. Le médecin reconnut tout de suite la
gravité du mal, et ordonna les soins nécessaires.
Comme c'étaient des jours d'abstinence, aussitôt
M. d'Aumont fit appeler son confesseur, M. le curé

de Saint-Bénigne, lui demanda les dispenses exigées par les circonstances, et déclara qu'il voulait se confesser. Le dimanche des Rameaux, il fallut toute l'autorité de ces deux conseillers pour l'empêcher d'aller entendre la messe.

Grâce aux visites assidues et à l'affection dévouée de M. le curé de Saint-Bénigne, M. d'Aumont se laissa vaincre dans sa timidité et sa délicatesse de conscience, et il consentit à recevoir les sacrements avant le jeudi saint, jour depuis longtemps choisi par lui, à cause du grand anniversaire qu'il rappelle. C'était le jour même de sa mort. La veille au soir, suivant sa constante habitude, il avait encore lu un chapitre de catéchisme, bien que sa main tremblante pût à peine soutenir le livre, et qu'il eût besoin d'être aidé par l'une de ses deux pieuses et dévouées domestiques.

Mais, sous l'action cachée de la paralysie, la vie diminuait avec rapidité. Par une de ces tendresses que la Providence multiplie en faveur de ses fidèles enfants, M. le Curé entra. Son cher malade, assis sur un fauteuil, paraissait très faible, mais il conservait encore entière la lucidité de son esprit. Une heure après, ayant de nouveau mandé M. le Curé, celui-ci arrive, mais tout-à-coup M. d'Aumont s'affaisse; heureusement pour cet homme si digne des grâces du ciel, les prières de l'extrême-onction purent être achevées avant qu'il exhalât le dernier soupir.

Bienheureux ceux qui meurent dans le Seigneur, est-il dit dans les saintes Ecritures, *car leurs œuvres les accompagnent.* Ceux qui ont connu M. d'Aumont, ont dû, comme nous, à la nouvelle de sa

mort, laisser échapper de leurs lèvres ces conso-
lantes paroles. Ce que nous avons raconté montre
aux autres qu'elles peuvent sans exagération lui
être appliquées.

L'abbé DEREPAS.

(Extrait de la Chronique Religieuse *du 25 avril 1868.)*

Dijon, imprimerie J.-E. Rabutôt, place Saint-Jean.

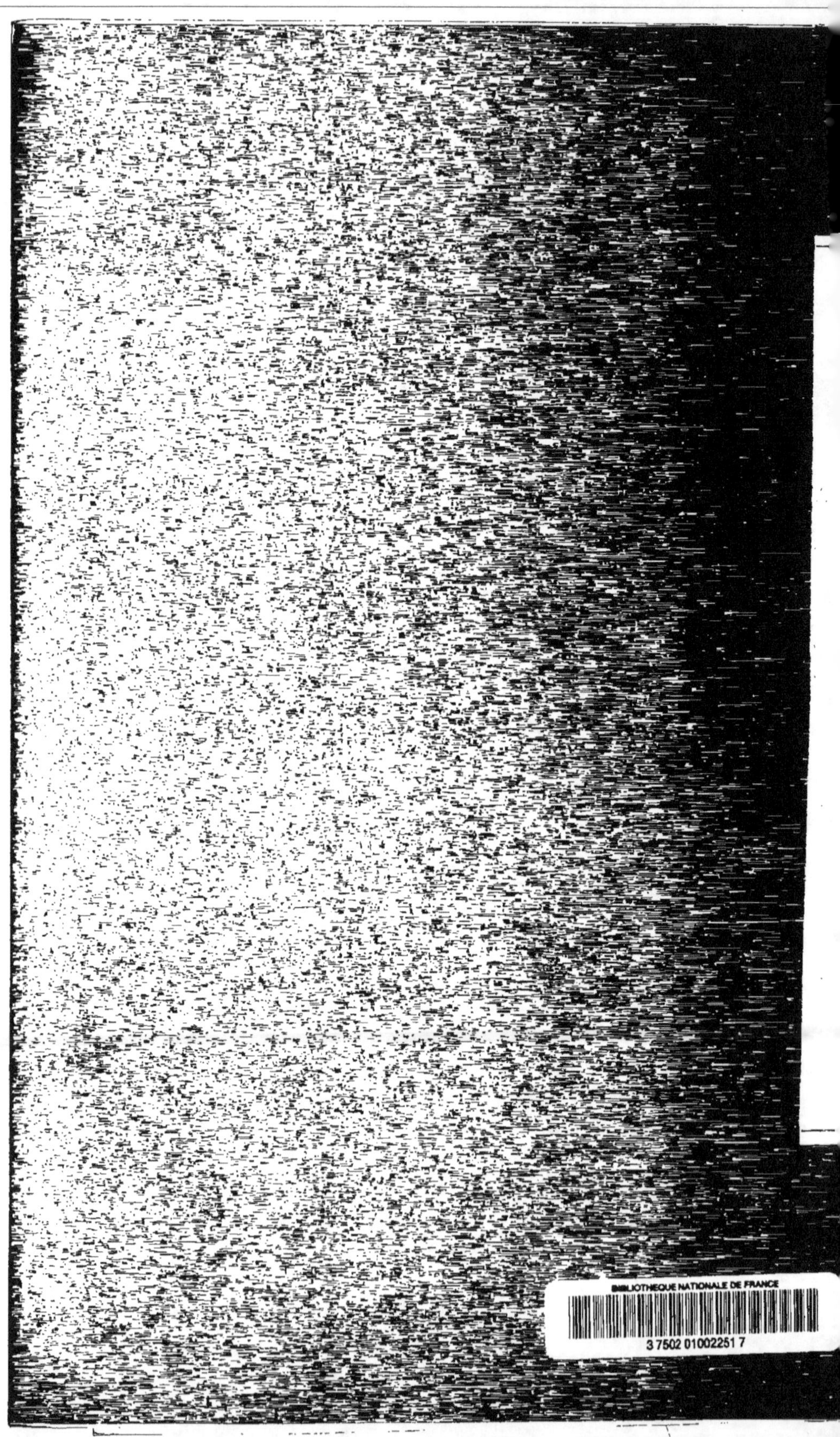

www.ingramcontent.com/pod-product-compliance
Lightning Source LLC
Chambersburg PA
CBHW061629050726
47595CB00007B/3123